COLLECTION

DES

LIVRETS

DES

ANCIENNES EXPOSITIONS

DEPUIS 1673 JUSQU'EN 1800

SALON DE 1759

XX-

PARIS

LIEPMANNSSOHN ET DUFOUR

ÉDITEURS

11, rue des Saints-Pères

—

DÉCEMBRE 1869

EXPOSITION

DE 1759

XX

COLLECTION

DES

LIVRETS

DES

ANCIENNES EXPOSITIONS

DEPUIS 1673 JUSQU'EN 1800

EXPOSITION DE 1759

PARIS

LIEPMANNSSOHN ET DUFOUR

ÉDITEURS

11, rue des Saints-Pères

DÉCEMBRE 1869

NOMBRE DU TIRAGE

DU LIVRET DE 1759.

375 exemplaires sur papier vergé.
  25   —   sur papier de Hollande.
  10   —   sur chine.

Nᵒ 

Ce livret est vendu seul 2 fr. 5o.

NOTICE BIBLIOGRAPHIQUE.

Livret :

Tous les exemplaires que nous avons vus appartiennent à une même édition qui a 34 pages pleines et 2 p. d'arrêt et privilége, avec 164 N^os. Le dernier article, concernant M. Hutin, est précédé de la rubrique ADDITION, qui peut faire supposer une autre édition moins complète, mais dont nous n'avons pas retrouvé d'exemplaire et dont l'existence nous paraît au moins très-douteuse.

CRITIQUES.

Le *Mercure de France*, n° d'octobre. Cet article est de Marmontel , comme l'apprend un passage des Mémoires de cet écrivain (liv. VI) cité par M. de Montaiglon dans sa Notice bibliographique.

Année Littéraire, 1759. T. V, p. 217-231.

L'*Observateur littéraire*, 1759. T. IV, p. 96 et 167.

Lettre critique à un ami sur les ouvrages de Messieurs de l'Académie exposés au Sallon du Louvre, 1759. In-8° de 32 pages, et in-12 de 21 p.

Réponse à une lettre critique contre les tableaux exposés au Salon ; à une Société d'Amateurs, se trouve dans l'*Observateur littéraire* de 1759. T. IV, p. 263 et suivantes, datée du 15 octobre. — Il y a eu un tirage à part avec ce titre : Réponse à un écrit anonyme, intitulé : Lettre critique, etc.

Avis aux critiques des Tableaux exposés au Sallon, in-8° de 4 p. Sans date. Pièce de trente-six vers qui commencent ainsi :

> Sans vouloir offenser le docteur genevois,
> On peut dire de lui ce qu'on disait d'Homère,
> Que cet homme divin, sommeillant quelquefois,
> Pour une vérité nous donne une chimère.

M. de Montaiglon a attribué à l'année 1759, avec des motifs très-suffisants, cette pièce sans date. Nous conserverons son attribution; l'affaire est d'ailleurs de peu d'importance.

DIDEROT. Dans la correspondance de Grimm. T. II, p. 352-362. Ce salon a été réimprimé récemment en une brochure de 14 p. gr. in-8° sur papier vergé, s. l. n. d., dont il n'a été tiré que peu d'exemplaires.

Portefeuille d'un homme de lettres. A Cosmopolis. 1759, in-12 de 16 p., avec ce second titre qui seul fait partie des 16 pages : Caractères des peintres français actuellement vivants. (C'est ce second titre qui est reproduit en tête de la première page de la brochure.)

EXPLICATION

DES PEINTURES,

SCULPTURES,

ET GRAVURES

DE MESSIEURS

DE L'ACADÉMIE ROYALE;

Dont l'Expofition a été ordonnée, fuivant l'intention de SA MAJESTÉ, par M. le Marquis DE MARIGNY, Commandeur des Ordres du Roi, Directeur & Ordonnateur General de fes Bâtimens, Jardins, Arts, Académies & Manufactures Royales: dans le grand Salon du Louvre, pour l'année 1759.

A PARIS, RUE S. JACQUES
De l'Imprimerie de J. J. E. COLLOMBAT, I. Imprimeur du Roy, des Cabinet & Maifon de SA MAJESTÉ, & de l'Académie Royale de Peinture, &c.

M. DCC. LIX.
AVEC PRIVILÉGE DU ROY.

AVERTISSEMENT.

Il feroit à fouhaiter que l'ordre établi dans ce petit Livre, fût conforme à l'arrangement des Tableaux dans le Salon du Louvre. Mais comme on ne pourroit alors le commencer qu'après que tous les Ouvrages y auroient été placés, il s'enfuivroit un inconvénient plus confidérable encore, le Public ne jouiroit de ce Livret que long-tems après l'ouverture du Salon : on a donc crû plus à propos de mettre à chaque Morceau un

Numero répondant à celui qui eſt dans ce Livre, & qu'il ſera facile d'y trouver.

Pour faciliter cette recherche, on a crû devoir abandonner en partie l'ordre des grades de Meſſieurs de l'Académie, & ranger ces Ouvrages sous les divi-ſions générales de Peintures, Sculptures et Gravures. Lorſque le Lecteur cherchera le Numero marqué ſur un Tableau, il verra au haut des pages Peintures, & ne cherchera que dans cette partie, & ainſi des autres.

EXPLICATION

DES

PEINTURES

SCULPTURES

Et autres Ouvrages de Meſſieurs de l'Académie Royale, qui feront expoſés dans le Salon du Louvre.

PEINTURES.

OFFICIERS.

ANCIERS RECTEURS.

Par M. *Vanloo*, Ecuyer, Chevalier de l'Ordre de S. Michel, Premier Peintre du Roi d'Eſpagne, Ancien Recteur.

Nº 1. Le Portrait de M. le Maréchal d'Etrées. Tableau de quatre pieds & demi de haut, ſur trois pieds & demi de large.

2. Le Portrait de Madame la Marquiſe de Pompadour.
   Tableau de ſept pieds & demi de haut, ſur cinq
   pieds & demi de large.
3. Pluſieurs Portraits de Dames ſous le même Numero, dont une habillée de blanc, avec une Peliſſe
   ſur l'épaule, appuyée ſur un fauteuil. Tableau de
   cinq pieds & demi ſur quatre pieds & demi.
   Une en Robbe de Satin blanc, prenant du caffé,
   de même grandeur. Une ſous les Ajuſtemens de
   Pomone, deux pieds dix pouces, ſur deux pieds
   trois pouces. Une ſous ceux de Thalie, deux pieds,
   ſur un pied huit pouces.

RECTEURS.

Par M. *Reſtout*, Recteur.

4. L'Annonciation, Tableau de neuf pieds de haut ſur
   ſix de large. Il a été fait pour les RR. PP. Bénédictins d'Orléans.
5. Aman, ſortant du Palais d'Aſſuerus, eſt irrité de ce
   que Mardochée ne ſe leve point pour l'adorer.
   Ce Tableau a huit pieds huit pouces de haut,
   ſur ſix pieds ſix pouces de large.
6. La Purification de la ſainte Vierge, ou le Cantique
   de S. Simeon. Tableau de dix pieds & demi de
   large, ſur ſix pieds & demi de haut; deſtiné pour
   les RR. PP. Feuillans de la rue Saint Honoré.

ANCIENS RECTEURS.

Par M. *Carle Vanloo*, Ecuyer, Chevalier de

l'Ordre de S. Michel, Recteur, Directeur de l'Ecole Royale des Eléves protégés.

7. Un sujet de Médée & Jason, dans lequel Mademoiselle Clairon est peinte en Médée.

Ce Tableau a dix pieds de large sur sept de haut.

8. Un Tableau représentant des Baigneuses. Il a sept pieds de haut sur six pieds de large.

ADJOINTS A RECTEUR.

Par M. *Colin de Vermont*, Adjoint
à Recteur.

9. L'Adoration des Rois.

PROFESSEURS.

Par M. *Jeaurat*, Professeur.

10. Un Tableau de trois pieds sur quatre, représentant des Chartreux en méditation.

11. Deux petits Tableaux selon le *costume* des Turcs, représentant, l'un un Emir conversant avec son Ami, & l'autre, des femmes qui s'occupent dans le Sérail, & prennent leur caffé.

12. Deux autres petits Tableaux, représentant, l'un une Pastorale, l'autre un Jardinier & une Jardiniere.

Par M. *Nattier*, Professeur.

13. Le Portrait de Madame de France.

Tableau de fept pieds & demi de haut, fur fix pieds de large.

14. Une Veftale. Tableau de quatre pieds & demi de large, fur quatre pieds de haut.

15. Autres Tableaux du même Auteur.

Par M. *Hallé*, Profeffeur.

16. Deux Tableaux pendans, de quatre pieds de large, fur trois pieds de haut.

L'un, le Danger de l'Amour, repréfenté par Hercule & Omphale. L'autre, le Danger du Vin, repréfenté par des Bacchantes & des Faunes, affiftant à une Fête de Bacchus.

17. La fuite de la fainte Vierge en Egypte. Tableau de neuf pieds de haut fur fix de large.

Par M. *Vien*, Profeffeur.

18. La Pifcine miraculeufe, & la Guérifon du Paralytique. Ce Tableau a dix-fept pieds de largeur, fur dix de hauteur.

19. Jefus-Chrift rompant le Pain en préfence des Difciples d'Emmaüs. Ce Tableau a douze pieds de hauteur, fur huit de largeur.

20. Un Tableau de neuf pieds de hauteur fur cinq de largeur, repréfentant le moment après la Pêche miraculeufe, où Jefus-Chrift demande à S. Pierre s'il l'aime.

21. La Réfurrection du Lazare. Tableau de fept pieds en quarré.

22. La Mufique. Tableau de quatre pieds quatre pouces,
fur trois pieds trois pouces.

23. Trois Deffeins incorporés dans le marbre, de la
couleur du crayon de Sanguine, dont l'un de dix-
fept pouces de long, fur cinq pouces de haut; les
deux autres de onze pouces fur fept.

Ils font exécutés dans cette maniere de deffiner
fur le marbre, dont M. le Comte de Caylus a
parlé à la rentrée publique de l'Académie des
Belles-Lettres.

ADJOINTS A PROFESSEUR.

Par M. *La Grenée*, Adjoint à Profeffeur.

24. L'Affomption de la fainte Vierge. Tableau de
treize pieds de haut, fur dix de large, deftiné
pour l'Eglife Collégiale de la Ville de Douay en
Flandres.

25. Venus aux Forges de Lemnos, accompagnée des
Graces & des Plaifirs, demande à Vulcain des
armes pour fon fils Enée. Tableau de feize pieds
de long fur neuf de haut.

26. L'Aurore enleve Céphale, jeune Chaffeur, pendant
qu'il étoit occupé à tendre fes filets. Tableau de
neuf pieds de haut, fur fix de large.

27. Le Jugement de Pâris, de neuf pieds de haut fur
huit de large.

Ces trois Tableaux font deftinés à être exécutés
en Tapifferie à la Manufacture d'Aubuffon.

28. Un petit Tableau ovale. Il repréfente un jeune
Satyre fe jouant du Sifflet du Dieu Pan.

Tiré du Cabinet de M. de Julienne.

29. Deux petits Tableaux, dont l'un repréfente la Sa-
geffe & l'Etude; l'autre la Poëfie héroïque & la
Poëfie Paftorale.

Deftinés pour la Bibliothèque de M. Amelin,
Ancien Recteur de l'Univerfité.

30. Un petit Tableau qui repréfente la Sculpture.

Appartenant à M. Caffieri, Sculpteur du Roi.

Par M. *Challe*, Profeffeur pour la
Perfpective.

31. Saint Hippolyte dans la Prifon, vifité par le
Clergé de Rome, qui vient l'encourager au martyre.

Ce Tableau deftiné pour l'Eglife Paroiffiale,
confacrée fous l'invocation de ce Saint, a dix pieds
de haut, fur huit de large.

32. Un Tableau de fept pieds de haut fur cinq de
large, où eft repréfenté le *Domine*, *non fum
dignus*. Il doit être placé dans le Chapitre des
RR. PP. Feuillans de la rue S. Honoré.

33. Lucrece préfentant à Brutus le poignard dont elle
vient de fe frapper, & lui demandant vengeance
de l'affront dont elle s'eft punie. Ce Tableau a fix
pieds & demi de haut, fur cinq de large.

34. Le Portrait de M. Mignot, Sculpteur du Roi.

CONSEILLERS.

Par M. *Chardin*, Confeiller & Tréforier
de l'Académie.

35. Un Tableau d'environ fept pieds de haut, fur

quatre de large, repréſentant un retour de Chaſſe.

Il appartient à M. le Comte du Luc.

36. Deux Tableaux de deux pieds & demi, ſur deux pieds de large, repréſentant des piéces de Gibier, avec un Fourniment & une Gibeciere.

Ils appartiennent à M. Trouard, Architecte.

37. Deux Tableaux de Fruits d'un pied & demi de large, ſur treize pouces de haut.

Ils appartiennent à M. l'Abbé Trublet.

38. Deux autres Tableaux de Fruits de même grandeur que les précédens; du Cabinet de M. Sylveſtre, Maître à Deſſiner du Roi.

39. Deux petits Tableaux d'un pied de haut, ſur ſept pouces de large. L'un repréſente un jeune Deſſinateur : l'autre une Fille, qui travaille en tapiſſerie.

Ils appartiennent à M. Cars, Graveur du Roi.

Par M. *Tocqué*, Conſeiller.

40. Le Portrait de S. A. R. Monſeigneur le Prince Royal de Danemarc.

41. Pluſieurs Portraits ſous le même N°.

Par M. *Aved*, Conſeiller.

42. Le Portrait en pied de M. le Maréchal de Clermont-Tonnerre. Tableau de onze pieds de hauteur ſur ſept pieds de largeur.

43. Le Portrait de M. Laÿé, Préſident à Mortier au

Parlement de Dijon. Tableau de trois pieds & demi
de haut fur trois pieds de large.

Par M. *de la Tour*, Confeiller.

44. Plufieurs Portraits en Paftel fous le même
Numero.

=======

ACADEMICIENS.

Par M. *Francifque Millet*, Académicien.

45. Plufieurs Tableaux de Païfages fous le même
Numero.

Par M. *Boizot*, Académicien.

46. Flore couronnée par le Zéphire. Tableau de trois
pieds de haut fur deux de large.

47. L'Amour qui fe repofe fur fes Armes. Ce Tableau
a feize pouces de largeur fur quatorze pouces de
hauteur.

Par M. *Poitreau*, Académicien.

48. Un Tableau de Païfage, à l'heure du matin.

Par M. *Autreau*, Académicien.

49. Trois Portraits.

Monfieur de *** tenant une Brochure.

Madame de*** tenant un Eventail.

Un Religieux Bernardin en habit de cam-
pagne.

Par M. *Lenfant*, Académicien.

50. Deux Tableaux fous le même N°.

L'un, l'attaque d'un Pont.

L'autre, un Siege.

51. Efquiffe d'un Combat de Cavalerie.

Par M. *Portail*, Académicien, Garde des Plans
& Tableaux du Roi.

52. Un Deffein repréfentant une Dame qui lit.

Par M. *Venevault*, Académicien.

53. L'Amour piqué par une Abeille.

54. Quelques Portraits fous le même N°.

Par M. *Bachelier*, Académicien.

55. Un Tableau de deux pieds & demi de haut fur
un pied & demi de large, repréfentant un Perro-
quet blanc.

56. Autre de trois pieds de large fur vingt pouces de
haut, repréfentant un Faifan de la Chine.

57. Autre de deux pieds quatre pouces fur vingt
pouces, où l'on voit deux petites chiennes qui
jouent.

58. La Réfurrection de Jesus-Christ. Ce Tableau eft

deſtiné pour l'Egliſe de S. Sulpice, & a dix-ſept
pieds de haut ſur quatorze de large; il eſt peint
dans l'une des manieres propoſées par M. le
Comte de Caylus dans ſon Mémoire ſur la Peinture Encauſtique, page 64. & 65.

59. Pluſieurs petits Portraits deſſinés, ſous le même
Numero.

Par M. *Perronneau*, Académicien.

Ouvrages en Paſtel.

60. Le Portrait de M. Vernet.
61. Le Portrait de M. Cars.
62. Le Portrait de M. Cochin.
63. Le Portrait de M. Robbé.
64. Quatre autres Têtes ſous le même N°.

Par M. *Vernet*, Académicien.

65. Vûe d'une partie du Port & de la ville de Bordeaux, priſe du côté des Salinieres, où l'on dé-
couvre les deux Pavillons qui terminent la Place
Royale, dans l'un deſquels eſt l'Hôtel des Fermes,
dans l'autre la Bourſe; une partie du Château Trom-
pette; enſuite le Fauxbourg appelé les Chartrons;
& la Palue dans le lointain. A l'extrémité, Lor-
mond, village à une lieue au-deſſous de Bordeaux au pied d'une montagne, qui termine le
Tableau.

66. Autre vûe du même Port, priſe du Château Trom-
pette, d'où l'on voit partie de ce Château, la
Bourſe, la Place Royale & la Statue Equeſtre du

Roi, l'Hôtel des Fermes, les Salinieres, et partie
des Chantiers.

Ces deux Tableaux appartiennent au Roi;
leur largeur eſt de huit pieds, leur hauteur de
cinq.

67. Vûe de la Ville d'Avignon.

68. Tableaux du même Auteur ſous le même
Numero.

Par M. *Roſlin*, Académicien.

69. Le Portrait de Madame la Vicomteſſe de Mont-
boiſſier, peint en Paſtel.

70. Le Portrait en pied de M. de ***.

71. Le Portrait de Madame ***, habillée en Grecque.

72. Le Portrait de Madame ***, jouant de la Guitarre.

73. Le Portrait de Madame le Comte, en Paſtel.

74. Une femme méditant ſur l'étude du Deſſein.

70. Le Portrait de Mademoiſelle de la Chanterie.

Par M. *Deſportes le neveu*, Académicien.

76. Un grand Chien prêt à ſe jetter ſur un Canard
déjà ſaiſi par un Barbet; une Canne & ſes Can-
netons ſe cachent dans les Roſeaux. Ce Tableau
a ſept pieds & demi ſur cinq pieds & demi.

77. Un Chien & un Chat qui cauſent du déſordre
dans une Cuiſine. Ce Tableau a quatre pieds de
haut ſur trois de large.

Par Madame *Vien*, Académicienne.

78. Deux Tableaux de treize pouces de longueur ſur
dix pouces de hauteur.

L'un repréſente une perdrix morte; l'autre, une corbeille de fleurs.

79. Un Tableau de onze pouces ſur ſept pouces & demi, repréſentant des fleurs dans une bouteille.

80. Deux grands Papillons, & un petit.

Par M. *de Machy*, Académicien.

81. Un Tableau d'Architecture, repréſentant l'intérieur d'un Temple.

82. Quatre Deſſeins à Gouaſſe d'après nature, repréſentans le Périſtile du Louvre, & les démolitions du Garde-Meuble & des Ecuries de la Reine.

Par M. *Drouais le Fils*, Académicien.

83. Un Concert champêtre, dont les Figures ſont des Portraits. Ce Tableau a dix pieds de haut ſur neuf de large.

84. Le Portrait en pied de M. le Comte de ***. Tableau de ſept pieds de haut ſur cinq de large.

85. M. le Comte & M. le Chevalier de *** en Savoyards. Tableau de quatre pieds trois pouces de haut ſur treize pieds trois pouces de large.

86. Le Portrait de M. Bouchardon, Sculpteur du Roi.

87. Le Portrait de M. Couſtou, Sculpteur du Roi.

88. Une jeune fille tenant des raiſins; Portrait.

89. Le Portrait de M. le Comte de ***, en Huſſard. Tableau de dix-huit pouces de haut ſur quinze de large.

90. Un Portrait de femme de même grandeur, fous le
même Numero.

Par M. *Defhays*, Académicien.

91. Un grand Tableau repréfentant le Martyre de
S. André, au moment où prêt d'être attaché fur
la Croix, on le follicite d'adorer les Idoles.

Ce Tableau eft deftiné pour l'Eglife de Rouen,
fous l'Invocation de ce faint Apôtre.

92. Hector expofé fur les rives du Scamandre après
avoir été tué par Achilles, & traîné à fon char.
Venus préferve fon corps de la corruption.

Ce fujet eft tiré du 22. Livre de l'Iliade. Il a
huit pieds de haut fur cinq de large.

93. Une Charité Romaine.

Ce Tableau ovale appartient à M. Deper-
fennes.

94. Une Marche de Voyageurs dans les Montagnes.

95. Une Figure d'homme : étude.

96. Deux petits Tableaux ovales, repréfentant l'Hyver
& l'Eté.

97. Plufieurs Têtes fous le même Numero.

Par M. *Juliart*, Académicien.

98. Plufieurs Tableaux de Payfages fous le même
Numero.

Par M. *Voiriot*, Académicien.

99. Plufieurs Portraits fous le même Numero.

AGRÉÉS.

Par M. *Loir*, Agréé.

100. Deux Têtes d'Enfans peintes en Paftel fur bois, fous le même N°.

Par M. *Parocel*, Agréé.

101. Agar, après avoir été chaffée par Abraham, s'enfuit dans le défert, où l'eau lui manquant, elle s'éloigne de fon fils Ifmael pour ne pas le voir mourir. Un Ange la confole, & lui montre une fource.

Ce Tableau de douze pieds en quarré, eft pour l'Abbaye Royale des RR. PP. Bénédictins du mont S. Quentin.

102. Deux Efquiffes repréfentant chacune l'Affomption de la fainte Vierge.

Elles ont été compofées pour la Coupole de l'Eglife des RR. PP. Bénédictins d'Orleans, dont le diamétre eft de 22. pieds, où l'une d'elles a été exécutée par l'Auteur en 1758.

Par M. *Greuze*, Agréé.

103. Un Tableau repréfentant le Repos, caractérifé par une Femme qui impofe filence à fon fils, en lui montrant fes autres enfans qui dorment.

Ce Tableau appartient à M. de Julienne.

104. La Simplicité repréfentée par une jeune Fille. Ce Tableau eft ovale. Il a deux pieds de haut.

105. La Tricoteufe endormie.

Du Cabinet de M. de la Live de July. Il a deux pieds de haut fur un pied huit pouces.

106. La Devideufe.

Tableau appartenant à M. le Marquis de Bandol, de deux pieds trois pouces fur un pied dix pouces.

107. Une jeune Fille qui pleure la mort de fon Oifeau. Tableau ovale.

108. Le Portrait de M. de ***, jouant de la Harpe. Il a trois pieds fept pouces de haut fur deux pieds neuf pouces de large.

109. Portrait de Madame la Marquife de ***, accordant fa Guitarre. Il a deux pieds dix pouces fur deux pieds trois pouces.

110. Portrait de M. ***, Docteur de Sorbonne. Il a deux pieds trois pouces fur un pied dix pouces.

111. Portrait de Mademoifelle de ***, fentant une Rofe.

112. Portrait de Mademoifelle De Amici, en habit de caractere. Il a deux pieds de haut fur un pied huit pouces de large.

113. Portrait de M. Babuti, Libraire.

114. Trois Têtes, études appartenantes à M. Silveftre, Maître à deffiner du Roi.

115. Deux Têtes appartenantes à M. Maffé, Peintre du Roi, Confeiller de l'Académie.

116. Une Tête appartenante à M. Wille, Graveur du Roi.

117. Autre Tête.

118. Deux Efquiffes à l'Encre de la Chine.

Par M. *Doyen*, Agréé.

119. La mort de Virginie.

Virginius, Romain, de Famille Plébéïenne, avoit une Fille âgée de quinze ans, promife en Mariage à Icilius, qui avoit été Tribun. Le Decemvir Appius, n'ayant pû la féduire, engagea Claudius, un de fes Clients, à la faifir & la revendiquer comme fon Efclave ; mais cette violence ayant excité les cris du peuple, le Decemvir n'ofa décider en l'abfence de Virginius, qui étoit à l'armée, & remit la caufe au lendemain.

On a repréfenté le moment du jour fuivant où Virginie eft dans la Place publique au pied du Capitole, devant le Tribunal d'Appius, accompagnée de fon Pere, de fa Gouvernante, d'Icilius, & de plufieurs Dames Romaines, témoins des couches de fa mere qui étoit morte. Le Decemvir aveuglé par fa paffion, fans vouloir rien entendre, prononce que Virginie appartient à Claudius, & commande aux Soldats qu'il avoit fait defcendre du Capitole de chaffer le peuple. Tous ceux qui affiftent à ce Jugement inique, jettent des cris & veulent s'oppofer à fon exécution.

Le Peintre a préféré ce moment à l'horreur de celui qui le fuivit, où Virginius facrifia fa fille pour lui fauver l'honneur & la liberté. Ce Tableau a vingt pieds de largeur fur douze de hauteur.

120. Une Fête au Dieu des Jardins.

Ce Tableau de huit pieds & demi de large fur fept pieds huit pouces de haut, appartient à

M. Wattelet, Receveur Général des Finances, Affo-
cié-libre de l'Académie.

121. Autres Tableaux du même Auteur fous le même
Numero.

Par M. *Belle*, Agréé, Infpeĉteur de la
Manufaĉture Royale des Gobelins.

122. La Réparation de la Profanation commife dans
l'Eglife de S. Merry à Paris, en 1722.

Le S. Ciboire, en ayant été enlevé, fut trouvé
quelques jours après brifé, & les Hofties répan-
dues fur la terre dans une des Chapelles de cette
Eglife, où elles avoient été jettées enveloppées
dans un linge. M. Louis Mettra, alors Curé de
cette Paroiffe, y établit une Fête que l'on folem-
nife tous les ans le Dimanche d'après la Quafi-
modo, en réparation de cette impiété. M. Pierre-
Jofeph Artaud, qui lui a fuccédé dans cette Cure
en 1744, & qui eft aĉuellement Evêque de Ca-
vaillon, a cru devoir tranfmettre, par ce Tableau,
le fouvenir de l'objet de cette Fête.

On y voit en bas le S. Ciboire & les Hofties
renverfées, le Curé & quelques Eccléfiaftiques fui-
vis du Peuple, font profternés dans un faififfement
de frayeur & d'adoration. En haut paroît le Pere
Eternel : l'Ange Exterminateur eft prêt à venger
cet outrage; la Religion profternée implore la mi-
féricorde de Dieu pour l'auteur inconnu de ce
facrilége.

Ce Tableau deftiné à être placé dans l'Eglife de
S. Merry, a onze pieds de hauteur fur fept de
largeur.

SCULPTURES

OFFICIERS.

ADJOINTS A PROFESSEUR.

Par M. *Vaſſé*, Adjoint à Profeſſeur.

123. Un Buſte en Marbre, repréſentant Pierre Pithou. Le Modéle en plâtre a été expoſé en 1757.

124. Un Buſte, Portrait du P. le Cointe de l'Oratoire.

Ces Buſtes ſont de la Collection des Hommes Illuſtres de Troyes, dont M. Groſley, Avocat, fait préſent à l'Hôtel-de-Ville de cette Capitale de la Champagne.

125. Un Médaillon en Marbre, Portrait de Mademoiſelle ***.

126. Une Tête d'Enfant, en marbre.

127. Un Modéle en grand, de cinq pieds & demi de proportion, il repréſente une Nymphe, badinant avec une coquille ſur le bord d'une Fontaine. Cette Figure eſt deſtinée à faire le principal ornement d'une Fontaine, dont on voit l'eſquiſſe dans ſes proportions, en petit, ſous le même Numero.

128. Un modéle d'un Tombeau. On y voit la Reconnoiſſance, qui, après avoir inſcrit l'Epitaphe d'un

Ami, attache fon Médaillon à un Cippe; à fes pieds eft la Cicogne, fymbole de cette Vertu.

ACADEMICIENS.

Par M. *Challe*, Académicien.

129. Un modéle d'une Vierge avec les fymboles attribués à la Conception.

Cette Figure doit être exécutée de grandeur naturelle.

130. Deux Buftes en marbre.

131. Deffeins de Projets pour des Fontaines publiques.

132. Deffein de la Chaire de S. Roch.

Le même Artifte vient d'exécuter un Tombeau dans une des Chapelles de cette même Eglife.

Par M. *Caffieri*, Académicien.

133. Une Figure en marbre, repréfentant un Fleuve, exécuté par l'Auteur pour fa Réception à l'Académie.

134. Le Portrait de feu M. Languet de Gergy, Curé de S. Sulpice. Ce Portrait a été fait d'après nature en 1748.

135. Deux Projets de Tombeaux Efquiffes.

AGRÉÉS.

Par M. *Mignot*, Agréé.

136. Une Figure de grandeur naturelle, repréſentant Hébé.

137. Une petite Figure de deux pieds de hauteur, repréſentant une Diane, ſe repoſant au retour de ſa Chaſſe.

Par M. *Pajou*, Agréé.

138. Pluton, Dieu des Enfers, tenant Cerbere enchaîné.

139. Une Figure de deux pieds de proportion, repréſentant la Paix qui tient de la main droite la Statue de Plutus, Dieu des Richeſſes, & de la gauche un flambeau, dont elle conſume les inſtrumens propres à la Guerre.

140. Une Eſquiſſe ovale, de terre cuite. La Vierge tenant l'Enfant Jeſus, accompagnée d'Anges.

141. Un bas-relief de marbre de trois pieds de haut, ſur deux de large, repréſentant la Princeſſe de Heſſe-Hombourg, ſous la figure de Minerve, qui dépoſe dans un vaſe, & conſacre ſur l'Autel de l'Immortalité, le Cordon de l'Ordre de Sainte Catherine, dont elle fut décorée par l'Impératrice regnante de toutes les Ruſſies.

142. Deux Deſſeins, chacun de deux pieds de haut, ſur trois pieds de longueur. L'un repréſentant Dioméde aſſailli par les Troyens, ſon Ecuyer tué à côté de lui. Le ſujet de l'autre eſt expliqué au bas.

GRAVURES.

ACADÉMICIENS.

Par M. *Moyreau*, Académicien.

143. Petite Partie de Chaſſe. Cotté 85.

    Ce Tableau eſt du Cabinet de M. le Baron de Thiers.

    Partie de Chaſſe pour le Vol. Cotté 87.

    Ce Tableau appartient à M. Peilhon.

    } D'aprés Wouwerman.

Par M. *Daullé,* Académicien.

144. Jupiter ſous la forme de Diane, Amoureux de Califto, d'après le Pouſſin. Dédié à M. de Betzky, Général Major & Chambellan de Sa Majeſté l'Impératrice de toutes les Ruſſies, Chevalier de l'Ordre de Sainte Anne.

145. Le Turc qui regarde pêcher. } D'après

146. La Grecque ſortant du Bain. } M. Vernet.

147. La ſurpriſe du Bain, d'après le Nain.

148. Une Chienne Braque avec ſes petits, d'après M. Oudry.

Par M. *Le Bas*, Académicien.

149. Plufieurs Eftampes tirées du Livre intitulé : Les Ruines des plus beaux Monuments de la Gréce. Dédié à M. le Marquis de Marigny, par M. le Roi, Architecte du Roi.

Par M. *Surugue, le fils*, Académicien.

150. Le Portrait du Pere de Reimbrant, peint par fon fils.

Le Tableau eft du Cabinet de M. le Comte de Vence.

Par M. *Guay*, Académicien.

PIERRES GRAVÉES.

151. Le Portrait du Roi en bas-re-lief fur une Agathe-Onix de deux couleurs. } Grandeur de Bague.

152. Le Portrait de Monfeigneur le Dauphin & de Madame la Dau-phine, en bas-relief, fur une grande Sardoine-Onix, de trois couleurs.

L'Alliance de la France avec l'Autriche, en bas-relief, fur une Agathe-Onix de deux cou-leurs. } Grandeur de Bracelet.

EMPREINTES.

Une Tête d'homme dans le goût antique.

Une Tête de Minerve.

Le Génie de la France, pré-fentant la Palme au Vainqueur.

Le Génie de la Mufique. } Grandeur de Bague.

Par M. *Tardieu*, Graveur de S. A. S. Electorale
de Cologne.

153. Le Portrait de feu Madame Henriette de France,
d'après M. Nattier.

154. Le Portrait de M. Lullin, Miniſtre de Genéve.

Par M. *Dupuis*, Académicien.

155. La Statue Equeſtre du Roi, élevée dans la Place
de Bordeaux. Cette Statue a été exécutée en bronze,
par M. le Moine, Profeſſeur.

AGRÉÉS.

Par M. *Feſſard*, Graveur de la Bibliothéque
du Roi, Agréé.

156. L'Eſtampe générale de la Chapelle des Enfans
Trouvés.

Cette Chapelle a été peinte par M. Natoire, Chevalier de l'Ordre Royal de S. Michel, Directeur de
l'Académie de France à Rome.

157. Jupiter & Antiope, d'après le Tableau de
M. Carle-Vanloo.

Tiré du Cabinet de M. le Marquis de Marigny.

158. La Muſique Champêtre d'après M. Lancret.

159. Le Frontiſpice du Livre, intitulé : l'Ami des
Hommes.

160. Le Portrait de M. le Marquis de Mirabeau, d'a-
près le Tableau de M. Vanloo, le Pere.

161. Trois Vûes de Rome, d'après les Deſſeins de
M. Challe, Peintre du Roi.

Par M. *Wille*, Agréé.

162. Le Portrait de M. de Boullongne, Contrôleur Général des Finances, Commandeur & Grand Trésorier des Ordres du Roi, d'après le Tableau de feu M. Rigaud.

Par M. *Salvador Carmona*, Penſionnaire du Roi d'Eſpagne, Agréé.

163. Une Vierge d'après Van-Dyck.

Le Tableau eſt du Cabinet de M. le Comte de Vence.

Une Réſurrection de J. C. d'après M. Carle-Vanloo.

Ce Tableau eſt du Cabinet de M. de Julienne.

Une Apparition de J. C. à la Magdeleine, auſſi d'après M. Carle-Vanloo.

Une Nativité de J. C. d'après M. Pierre.

Le Portrait de M. l'Ambaſſadeur d'Eſpagne, d'après M. Roſlin.

ADDITION.

Par M. *Hutin*, Peintre du Roy de Pologne, Académicien.

164. Pluſieurs Tableaux ſous le même N°.

Nogent-le-Rotrou, Imprimerie de A. Gouverneur.